Oetinger

Das fliegende Kamel

Geschichten von Nasreddin Hodscha,
neu erzählt von Paul Maar

Bilder von Aljoscha Blau

Verlag Friedrich Oetinger · Hamburg

Herzlichen Dank an Sabine Hagemann
vom Goethe-Institut Ankara
und an Mehmet Ünlüsoy,
durch die ich die Geschichten von Nasreddin
kennenlernte.

© 2010 Verlag Friedrich Oetinger GmbH,
Poppenbütteler Chausee 53, 22397 Hamburg
Alle Rechte vorbehalten
Einband und farbige Illustrationen von Aljoscha Blau
Druck und Bindung: SIA Livonia Print,
Ventspils iela 50, LV-1002, Riga, Lettland
Printed 2018
ISBN 978-3-7891-4287-1

www.oetinger.de

Nasreddin Hodscha *wird auch der türkische Till Eulenspiegel genannt.*

Er soll im 14. Jahrhundert in Anatolien gelebt haben. Perser und Türken streiten sich, wo er seine letzte Ruhestätte gefunden hat: So kann man im Iran wie auch im türkischen Konya das Grab besichtigen, in dem er angeblich bestattet wurde.

Wir kennen zum Beispiel die Geschichte vom Klang des Geldes durch eine Till-Eulenspiegel-Geschichte, aber schon seit dem 14. Jahrhundert wird sie in der Türkei erzählt. Dort schreibt man sie Nasreddin Hodscha zu. Seine Geschichte ist also die ältere.

Wie Eulenspiegel findet Nasreddin Gefallen daran, seinen Mitmenschen Streiche zu spielen, sich manchmal dumm zu stellen und bisweilen auch durch seine Geschichten und Aussprüche die Leute zum Nachdenken zu bringen. Man weiß nicht recht, was man von ihm halten soll: Mal wirkt er wie ein Philosoph, mal wie ein Narr.

Für dieses Buch habe ich einige der überlieferten Geschichten nacherzählt. Darüber hinaus habe ich mir ausgedacht, wie es wäre, wenn Nasreddin Hodscha heute und hier leben und durch Berlin, Dortmund oder Frankfurt wandeln würde.

Der Klang des Geldes

Nasreddin Hodscha kam an einer Gaststube vorbei, wo der Wirt auf einem Rost vor dem Haus Lammfleisch grillte.

Gerade war der Wirt dabei, einen Bettler am Kragen zu packen, ihn zu schütteln und auf ihn einzuschimpfen.

»Warum schimpfst du den armen Kerl?«, fragte Nasreddin den Wirt.

»Dieser Bettler hat ein Stück Brot so lange über meinen Grill gehalten, bis es nach Lammfleisch roch, und es dann mit Genuss gegessen«, schrie der Wirt. »Und jetzt will er nicht dafür bezahlen.«

»Stimmt das?«, fragte Nasreddin den Bettler.

»Ja. Aber ich habe das Fleisch nicht einmal berührt«, verteidigte sich der Bettler. »Ich wollte nur den Geruch einfangen.«

»Hast du Geld bei dir?«, fragte Nasreddin.

»Nur ein paar Münzen, die ich mir erbettelt habe«, sagte der Mann.

»Dann gib sie her«, befahl Nasreddin.

Zögernd reichte ihm der Bettler die Münzen.

Nasreddin warf sie vor dem Wirt auf den Holztisch. Aber bevor der Wirt danach greifen konnte, hatte Nasreddin die Münzen schon wieder an sich genommen und sie dem Bettler zurückgegeben.

»He, was soll das?«, fragte der Wirt. »Wieso nimmst du mir das Geld wieder weg?«

»Hast du den Klang der Münzen gehört?«, fragte Nasreddin.

»Natürlich habe ich ihn gehört«, antwortete der Wirt. »Ich bin nicht taub.«

»Dieser Bettler hat dir den Geruch deines Essens mit dem Klang seines Geldes bezahlt. Ihr seid quitt!«, sagte Nasreddin, ließ den verdutzten Wirt stehen und ging mit dem Bettler davon.

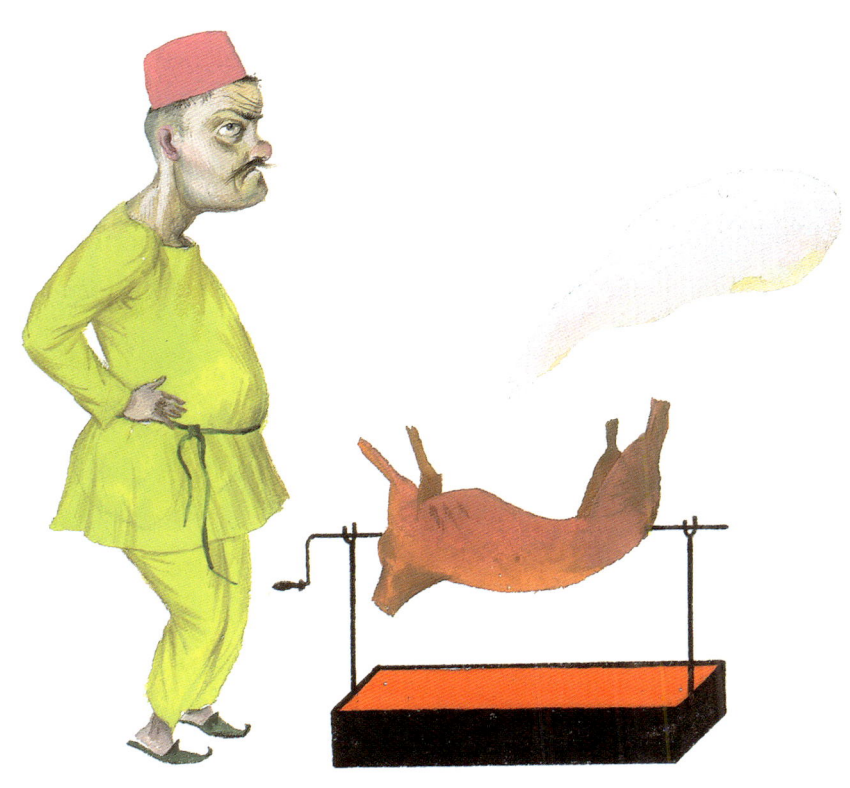

Der Langschläfer

Als Nasreddin noch ein Junge war, schlief er morgens immer sehr lange und war kaum aus dem Bett zu kriegen. Sehr zum Ärger seines Vaters, der ein Frühaufsteher war.

Alle Ermahnungen halfen nichts.

»Warum sollte ich so früh aufstehen, wenn ich doch gerne schlafe?«, fragte Nasreddin dann.

»Früh aufstehen bringt Glück«, sagte sein Vater.

»Glück? Für mich ist es eher ein Unglück, wenn ich früh aus dem warmen Bett muss«, sagte Nasreddin.

Eines Tages kam Nasreddins Vater an das Bett seines Sohnes und sagte: »So, nun kann ich dir beweisen, welchen Vorteil es hat, wenn man früh aufsteht.«

»Da bin ich aber gespannt«, sagte Nasreddin.

Sein Vater erzählte: »Heute Morgen ging ich ganz früh, fast zur Morgendämmerung, durch die Straße. Und was fand ich? Eine Geldbörse, die jemand dort verloren hatte. Wäre ich später aufgestanden, hätte ein anderer vor mir die Geldbörse gefunden und mitgenommen. Glaubst du mir jetzt, dass es Glück bringt, früh aufzustehen?«

»Nein«, sagte Nasreddin.

»Was heißt ›nein‹?«, fragte der Vater. »Hat mir das frühe Aufstehen etwa kein Glück gebracht?«

»Du vergisst dabei, dass der Unglückliche, der die Geldbörse verloren hat, noch früher aufgestanden sein muss als
du. Also bringt frühes Aufstehen Unglück«, sagte Nasreddin, gähnte, drehte sich auf die andere Seite und schlief
weiter.

Das gerechte Urteil

Zwei Bekannte von Nasreddin waren in Streit geraten, kamen zu ihm und sagten: »Wir können uns nicht einigen, wer von uns beiden recht hat. Bitte, entscheide du und sprich ein gerechtes Urteil!«

»Lasst hören, worum es geht«, sagte Nasreddin. Und zu dem einen sagte er: »Fang an!«

Der erzählte lang und breit den Fall.

Nasreddin hörte sich alles an und sagte: »Du hast recht.«

Jetzt ergriff der Zweite das Wort und schilderte seine Sicht.

Nasreddin hörte auch ihn an und sagte: »Du hast recht.«

Nasreddins Frau, die dabei war und alles mitgehört hatte, sagte zu Nasreddin: »Lieber Mann, wie kann denn der eine, der sich beschwert hat, recht haben und der andere auch? Das geht doch nicht!«

Nasreddin sagte: »Du hast recht!«

Nüsse und Melonen

An einem heißen Spätsommertag lag Nasreddin unter einem Walnussbaum, genoss den kühlen Schatten und kam ins Grübeln.

»Da drüben ist ein Feld voller reifer Wassermelonen. Eine Melone größer und saftiger als die andere«, sagte er zu sich. »Ist es nicht merkwürdig, dass Gott so große Früchte an einer so kleinen Pflanze auf dem Acker wachsen lässt und so kleine Walnüsse an einem riesengroßen Baum?«

In diesem Moment fiel eine Walnuss vom Baum und traf Nasreddin auf dem Kopf. Er rieb sich den Schädel, schaute nach oben, nickte und sagte: »Gott, du hast es schon richtig gemacht. Wie gut, dass auf diesem Baum keine Wassermelonen wachsen.«

Die Predigt

Nasreddin Hodscha wurde gebeten, in der Moschee zu predigen.

Er betrat die Kanzel und fragte die versammelte Gemeinde: »Wisst ihr, was ich predigen soll?«

»Nein, wir wissen es nicht«, antwortete man ihm.

»Wenn ihr alle es nicht wisst, wie soll ich es dann wissen?«, fragte Nasreddin und stieg von der Kanzel.

Die Leute lachten und sprachen sich heimlich ab, was sie beim nächsten Mal antworten würden. Dann forderten sie Nasreddin auf, doch noch einmal zu predigen.

Am nächsten Tag stieg Nasreddin also wieder auf die Kanzel und fragte die Gemeinde: »Wisst ihr heute, was ich euch sagen soll?«

Jetzt antworteten die Leute anders als am Vortag und sagten: »Ja, wir wissen es.«

»Wenn ihr es bereits wisst, muss ich es euch nicht noch mal sagen«, sprach Nasreddin und stieg von der Kanzel.

Am dritten Tag stieg er noch einmal auf die Kanzel und stellte die gleiche Frage. Wieder hatten sich die Zuhörer vorher abgesprochen und antworteten nun: »Einige von uns wissen es, einige wissen es nicht.«

Gespannt wartete man auf Nasreddins Antwort.

»Das ist wirklich erfreulich«, sagte Nasreddin. »Dann sollen die von euch, die es wissen, es den anderen erzählen, die es nicht wissen.«

Damit stieg er von der Kanzel und ging fort.

Das fliegende Kamel

Ein andermal hielt Nasreddin tatsächlich eine Predigt. Es war das erste Mal, dass er predigte, und er hatte sich auch nicht besonders gut vorbereitet.

Als er nach einer Weile von der Kanzel sah, bemerkte er, dass viele Zuhörer gähnten und einige sogar eingeschlafen waren.

Nasreddin war wütend, ließ sich das aber nicht anmerken und erzählte laut: »Gestern schwamm ich auf dem Rücken eines riesigen Fisches über den großen See in der Wüste. Da kam ein Kamel geflogen, das ließ sich neben mir nieder, um ein wenig auszuruhen. Ich ergriff die Gelegenheit, schwang mich auf seinen Rücken, nahm die Zügel in beide Hände und flog mit ihm immer höher in den Himmel hinauf. Leider kam ich zu nahe an einen Stern und blieb an einem seiner Zacken hängen. Das Kamel flog weiter, aber mein Mantel hatte sich so fest an der Sternspitze verfangen, dass ich vom Kamelrücken gezogen wurde und hängen blieb. Und da hänge ich noch heute …«

Als das die Leute hörten, rissen sie Mund und Augen auf und lauschten verblüfft Nasreddins seltsamer Erzählung.

Nasreddin rief: »Was seid ihr nur für Gläubige! Wenn ich eine gute Predigt halte, schlaft ihr ein. Wenn ich aber Lügen erzähle, wacht ihr auf und hört mir zu!«

Der gar nicht närrische Narr

Einmal stand Nasreddin auf dem Markt. Er hatte ein Körbchen voller Walnüsse verkauft, den leeren Korb vor sich auf den Boden gestellt und schöpfte gerade Wasser aus einem Brunnen. Da kam ein reicher Mann vorbei, der Nasreddin für einen Bettler hielt. Er zeigte ihm zwei Geldstücke, ein großes und ein kleines, und sagte: »Welche Münze möchtest du haben? Wähle!«

Nasreddin zeigte auf die kleine und sagte: »Diese Münze, bitte!«

Der reiche Mann lachte über den Narren und warf die kleine Münze in Nasreddins Körbchen.

Das sprach sich in der Stadt herum und viele kamen und wollten es ausprobieren. Sooft die Leute Nasreddin ein großes und ein kleines Geldstück anboten, nahm er das kleine, und die Leute lachten über seine Dummheit.

Eines Tages sagte ein Freund zu Nasreddin Hodscha: »Warum nimmst du nicht die größere Münze? Du bekommst nicht nur mehr Geld, die Leute werden auch aufhören, sich über dich lustig zu machen.«

»Da magst du recht haben«, antwortete Nasreddin. »Aber wenn ich ein paarmal die größere Münze genommen habe, werden die Leute aufhören, mir Geld zu geben. Denn sie tun es ja nur, um über meine Narrheit lachen zu können.«

Glückliche Rettung eines Ertrinkenden

Eines Tages ging Nasreddin mit Freunden am Ufer eines Flusses entlang, da hörten sie Hilferufe. Ein Mann war ins Wasser gestürzt, strampelte verzweifelt mit Armen und Beinen und schrie: »Helft mir, ich kann nicht schwimmen!«

Nasreddins Freunde beugten sich vom Ufer aus zu ihm, streckten ihre Arme aus und riefen: »Gib uns deine Hand! Gib uns deine Hand!«

Aber der Mann reichte ihnen nicht die Hand.

Als der Mann schon fast untergegangen war, kniete sich auch Nasreddin ans Ufer und rief: »Nimm meine Hand! Schnell, nimm meine Hand!«

Und der Mann ergriff Nasreddins Hand, ließ sich ans Ufer ziehen und war gerettet.

Alle wunderten sich und fragten: »Nasreddin, wie kommt es, dass er nach deiner Hand gegriffen hat, nach unseren aber nicht?«

Nasreddin lachte. »Ich kenne den Mann«, sagte er. »Er ist ein Wucherer und Geldverleiher. Er gibt nicht, er nimmt nur. Euch hat er nicht die Hand gegeben, weil ihr gerufen habt: ›Gib uns deine Hand!‹ Ich habe gerufen: ›Nimm meine Hand!‹, da hat er schnell zugegriffen.«

Nasreddins weiser Rat

Einmal stellte sich Nasreddin auf den Marktplatz und rief: »Ich habe Weisheiten zu verkaufen! Außergewöhnliche, großartige, nützliche Weisheiten! Es kostet jeden Zuhörer nur einen einzigen kleinen Zehner!«

»Welche Weisheiten denn?«, fragten ihn die Leute.

»Ich verrate euch, wie man ohne Arbeit zu Geld kommt. Ja, wie man, ohne sich anzustrengen, eine Menge Geld verdienen kann!«

Das wollten die Leute gerne hören und alle zahlten den geforderten Preis.

Nasreddin sammelte das Geld ein und zählte es langsam und sorgfältig.

Die Leute wurden ungeduldig und riefen: »Jetzt sag uns schon, wie man zu Geld kommt, ohne zu arbeiten!«

Nasreddin steckte die Münzen in die große Tasche seines Kaftans und sagte: »Ihr müsst euch auf den Marktplatz stellen und laut rufen, dass ihr Weisheiten verkauft. Danach müsst ihr nur noch das Geld einsammeln und schnell wegrennen!«

Und das tat er dann auch.

Die hungrige Tasche

Obwohl Nasreddin nicht viel Geld hatte, lud er jedes Jahr zu seinem Geburtstag das halbe Dorf zu einem Abendessen ein und feierte mit Freunden und Nachbarn. Die Dorfbewohner, die wussten, dass Nasreddin nicht gerade wohlhabend war und keine Berge von Essen auffahren konnte, hielten sich zurück und aßen bescheiden.

Nur einer stopfte sich nicht nur den Mund unmäßig voll, er steckte sich auch heimlich all das, was in seiner Reichweite stand, vom Tisch in die Tasche seines Kaftans.

Nasreddin, der dies beobachtet hatte, ging schweigend zu ihm hin, nahm die Teekanne vom Tisch und goss ihm den Tee in die Tasche.

»He, was machst du! Was soll das? Bist du verrückt geworden?«, schimpfte der Mann.

Nasreddin antwortete: »Nachdem ich gesehen habe, wie hungrig deine Tasche ist, dachte ich, sie wird ganz bestimmt auch durstig sein.«

Der Esel

Einmal kam ein Nachbar zu Nasreddin und sagte: »Nasreddin, du weißt: Ich bin dein Freund.«

»Wenn du es sagst, wird es wohl wahr sein«, antwortete Nasreddin. »Und mein Freund möchte bestimmt etwas von mir.«

»Ja, so ist es«, sagte der Nachbar. »Könntest du mir deinen Esel für zwei Tage ausleihen?«

Nasreddin, der das Tier nicht hergeben wollte, sagte: »Ich habe den Esel leider bereits verliehen. Er ist nicht im Stall.«

In diesem Moment schrie der Esel im Stall laut »Iah«.

Der Nachbar sagte: »Dein Esel ist doch da! Ich höre ihn rufen!«

»Du glaubst also einem Esel mehr als mir?«, sagte Nasreddin vorwurfsvoll. »Und so was will mein Freund sein!«

Die Hühnersuppe

Kemal, ein entfernter Verwandter Nasreddins, kam zu Besuch und brachte als Gastgeschenk ein Suppenhuhn mit.

Nasreddins Frau kochte daraus einen großen Topf Hühnersuppe mit Ingwer, Lauchzwiebeln und Gartenkräutern und sie aßen sie zusammen mit Kemal.

Am nächsten Tag klopfte ein Mann bei Nasreddin an der Tür und sagte: »Ich komme auf dem Weg zum Markt zufällig hier vorbei und wollte Nasreddin grüßen. Ich bin ein Freund von Kemal, der euch gestern das Suppenhuhn geschenkt hat.«

Nasreddin und seine Frau baten den Fremden herein und spendierten ihm einen Teller der Hühnersuppe.

Am Tag darauf kamen ein Mann und seine Frau zu Nasreddin und sagten: »Wir sind Verwandte des Freundes von Kemal, der gestern bei euch die köstliche Hühnersuppe gegessen hat. Ist wohl noch ein Rest davon da?«

Und Nasreddin und seine Frau mussten den beiden wohl oder übel einen Teller Suppe vorsetzen.

Einen Tag später klopfte es wieder an Nasreddins Tür. Ein Mann stand draußen und sagte: »Ich bin ein Freund der Verwandten des Freundes von Kemal, der euch dieses fette Suppenhuhn geschenkt hat.«

»Und du möchtest bestimmt auch einen Teller Suppe?«, fragte Nasreddin.

Der Mann nickte, ging gleich hinter Nasreddin in dessen Haus und setzte sich an den Tisch.

Nasreddin brachte einen vollen Suppenteller und stellte ihn vor den Mann hin.

Der Mann fing an zu löffeln. Gleich darauf legte er den Löffel weg und rief: »Aber das ist ja reines Wasser!«

Nasreddin sagte: »Ja, das ist der Rest der Suppe aus dem Rest der Suppe vom Rest der Suppe, die wir aus dem Suppenhuhn gekocht haben, das uns Kemal geschenkt hat.«

Der teure Schneider

Einmal bekam Nasreddin von seiner Frau einen Kaftan geschenkt, ein langes Wollhemd also, das man über der Unterkleidung trägt. Der Kaftan hatte schöne braune und rote Längsstreifen, war aber ziemlich weit. Deshalb ging Nasreddin zu einem Schneider und fragte: »Was kostet es, wenn du den Kaftan enger nähst, sodass er mir passt?«

Der Schneider antwortete: »Zwei Silberstücke.«

»Zwei Silberstücke?«, rief Nasreddin. »Wenn ich zwei Silberstücke hätte, könnte ich dafür so viel essen, dass mein Bauch ganz dick wäre. Dann würde mir der Kaftan sowieso passen!«

Der Bogenschütze

Im Dorf, in dem Nasreddin lebte, gab es einen Mann, der als Bogenschütze berühmt war. Er gab Unterricht im Bogenschießen und nahm dafür Geld.

Als Nasreddin das mitbekam, verkündete er: »Wer bei mir Unterricht im Bogenschießen nimmt, zahlt nur die Hälfte. Und ich garantiere, dass sein Pfeil immer in der Mitte der Zielscheibe stecken wird!«

Das ärgerte den berühmten Bogenschützen. Er ging zu Nasreddin und sagte: »Dass der Pfeil immer die Mitte der Zielscheibe trifft, ist unmöglich. Selbst bei mir, dem berühmtesten aller Bogenschützen, gehen nicht alle Pfeile genau in die Mitte, sondern manchmal ein klein wenig daneben. Wie willst du einen Anfänger dazu bringen, so gut zu schießen? Zeig mir doch ein Beispiel deiner Schießkunst!«

»Nichts leichter als das«, sagte Nasreddin, nahm den Bogen, legte einen Pfeil auf und schoss ihn in eine Holzwand.

»Aber da ist doch gar keine Zielscheibe!«, rief der berühmte Bogenschütze.

»Noch nicht!«, antwortete Nasreddin, nahm einen Pinsel und Farbe und malte um den Pfeil herum eine Zielscheibe. Jetzt steckte der Pfeil genau in der Mitte.

»Habe ich etwa behauptet, dass die Zielscheibe vor dem Schuss da sein muss?«, fragte Nasreddin. »Ich habe nur gesagt, dass der Pfeil bei mir immer in der Mitte der Zielscheibe steckt. Und das tut er.«

Am Fluss

Nasreddin ging am Ufer eines Flusses spazieren. Da sah er auf der anderen Seite einen Freund, der dort spazieren ging. Nasreddin winkte ihm zu.

Der Freund winkte zurück und rief: »Wie komme ich auf die andere Seite?«

»Du bist doch schon auf der anderen Seite«, rief Nasreddin zurück.

Gerechtes Urteil

Ein Mann ohrfeigte Nasreddin und entschuldigte sich dann: »Verzeihung, es war ein Missverständnis. Ich habe dich mit einem anderen verwechselt.«

Doch Nasreddin wollte nicht verzeihen, verklagte den Mann und brachte den Fall vor den Richter. Der Mann war aber ein entfernter Verwandter des Richters, deshalb setzte der Richter eine lächerlich geringe Strafe an.

»Die Strafe für eine Ohrfeige beträgt eine Kupfermünze«, sagte der Richter zum Angeklagten. »Wenn du eine Münze dabeihast, dann gib sie Nasreddin. Wenn nicht, gehst du nach Hause und holst eine.«

Der Mann ging nach Hause, dachte aber nicht daran, wegen einer kleinen Münze wiederzukommen.

Nachdem Nasreddin eine Weile im Gerichtssaal auf dem Teppich gesessen und gewartet hatte, der Mann aber nicht zurückkam, sprang er auf, ging zum Richter und versetzte ihm eine gewaltige Ohrfeige.

»Wenn der Mann mit der Münze kommt, dann richten Sie ihm aus, dass er sie gleich an Sie weitergeben soll«, sagte er zum Richter und ging aus dem Gerichtssaal.

Nasreddin wettet

Man erzählte dem Sultan, dass Nasreddin ein großes Fest gegeben und alle Freunde und Nachbarn dazu eingeladen hatte.

Sofort ließ der Sultan Nasreddin rufen und stellte ihn zur Rede.

»Jeder weiß, dass du wenig Geld hast. Wie kommt es, dass du so große Feste feiern und alle einladen kannst?«, fragte der Sultan streng. »Gib zu: Du hast das Geld dafür gestohlen.«

»Nein, gnädiger Herr«, sagte Nasreddin und verbeugte sich. »Ich wette gerne. Und ich wette um Geld. Und da ich alle Wetten gewinne und meinen Gewinn mit meinen Freunden und Nachbarn teilen will, veranstalte ich eben danach ein Fest.«

»So, du wettest gerne«, sagte der Sultan. »Auch ich wette von Zeit zu Zeit. Aber nur, wenn ich sicher bin, dass ich gewinne.«

»So geht es mir auch«, sagte Nasreddin.

Der Sultan überlegte. »Hättest du Lust, auch mit deinem Sultan zu wetten?«, fragte er. »Dann biete mir doch eine Wette an, und ich entscheide, ob ich einschlagen werde.«

Nun überlegte Nasreddin. Schließlich sagte er: »Gut! Ich wette, dass Ihr, der mächtige Sultan, morgen früh ein

Muttermal in Form eines Halbmonds auf – entschuldigt den Ausdruck, gnädiger Herr –, auf der linken Seite Eures Hinterns habt. Ich wollte sagen: auf der linken Seite Eures hochwohlgeborenen Gesäßes.«

Der Sultan lachte. »Ist das dein Ernst?«, fragte er.

Nasreddin nickte.

»Um wie viel wollen wir wetten?«, fragte der Sultan.

»Um fünf Silberstücke«, schlug Nasreddin vor.

»Um fünf Silberstücke. Die Wette gilt«, sagte der Sultan, und die beiden schüttelten sich die Hand zum Zeichen, dass die Wette wirklich angenommen war.

In dieser Nacht schlief der Sultan schlecht. Ob Nasreddin vielleicht irgendwelche Zaubermittel kannte, die ein Muttermal auf dem Gesäß hervorrufen konnten?

Gleich nach dem Aufstehen stellte er sich vor den Spiegel, drehte sich um, hob sein Nachthemd und begutachtete sein Gesäß. Von einem Muttermal war nichts zu sehen.

Darauf ließ er siegesgewiss Nasreddin rufen.

»Du hast deine Wette verloren«, sagte er zu ihm. »Es ist nicht das kleinste Muttermal zu sehen.«

»Wirklich?«, fragte Nasreddin. »Das würde mich wundern.«

»Überzeuge dich selbst!«, sagte der Sultan, ließ seine Hosen herunter und streckte Nasreddin sein blankes Gesäß entgegen.

»Ihr habt die Wette gewonnen, gnädiger Herr«, sagte Nasreddin und überreichte dem Sultan fünf Silberstücke, die er abgezählt dabeigehabt hatte.

Am nächsten Morgen wurde dem Sultan berichtet, dass Nasreddin am Abend ein so prächtiges Fest gefeiert hatte wie noch nie zuvor.

Sogleich ließ der Sultan Nasreddin wieder zu sich rufen.

»Wie kannst du solche Feste feiern?«, fragte er. »Du hast kein Geld und hast auch noch deine Wette verloren!«

»Die Wette mit Euch habe ich zwar verloren, gnädiger Herr«, sagte Nasreddin. »Aber eine andere habe ich gewonnen.«

»Welche andere? Was hast du gewettet? Und mit wem?«, fragte der Sultan.

»Ich habe mit Eurem obersten Minister um zwanzig Goldstücke gewettet und die Wette gewonnen«, sagte Nasreddin.

»Was, um Himmels willen, habt ihr beide gewettet?«, fragte der Sultan.

Nasreddin lächelte. »Ich habe mit ihm gewettet: Wenn er sich heute ganz früh hinter einem Vorhang versteckt, würde er erleben, dass der Sultan seine Hosen herunterlässt und mir seinen nackten Hintern zeigt.«

Wenn Nasreddin Hodscha
heute und hier leben würde …

Das Telefon

Ein Freund beklagte sich bei Nasreddin: »Niemand ruft mich an. Seit einer Woche hat mein Telefon nicht mehr geklingelt.«

»Da weiß ich ein Mittel«, sagte Nasreddin. »Es wirkt nicht immer, aber meistens.«

»Ein Mittel? Was für ein Mittel? Erzähl!«, forderte der Freund ihn auf.

»Zuerst musst du dich ausziehen!«, begann Nasreddin.

»Ausziehen?«, fragte der Freund.

»Ja, ausziehen. Natürlich zu Hause, wo keiner zuschaut.«

»Und dann?«, fragte der Freund.

»Dann legst du dich in die Badewanne«, sagte Nasreddin.

»Badewanne?«, fragte der Freund.

»Ja, Badewanne«, bestätigte Nasreddin. »Natürlich hast du vorher warmes Wasser einlaufen lassen. Aber das ist ja selbstverständlich. Denn wer legt sich in die Badewanne, wenn kein Wasser darin ist!«

»Wohl niemand«, sagte der Freund. »Und dann?«

»Dann seifst du dich kräftig ein«, sagte Nasreddin. »Am besten, du wäschst dir auch noch die Haare.«

»Und das soll nützen?«, fragte der Freund. »Ich denke, wir sprechen vom Telefonieren und nicht übers Wannenbaden!«

»Und ob das nützt!«, sagte Nasreddin. »Fast jedes Mal, wenn ich eingeseift in der Badewanne liege, klingelt mein Telefon, ich muss nackt aus der Wanne steigen, mir ein Handtuch umbinden und schimpfend zum Telefon rennen.«

Das Versprechen

Nasreddins Sohn hatte in der Klassenarbeit eine Eins geschrieben.

Nasreddin war stolz auf seinen Sohn und sagte zu ihm: »Du darfst dir etwas wünschen und bekommst es von mir!«

Nasreddins Sohn dachte nach, ihm fielen aber so viele Dinge ein, dass er sich nicht entscheiden konnte.

»Kannst du mir bis morgen Zeit geben, Vater?«, fragte er. »Ich muss erst mal darüber nachdenken.«

»Die Zeit kriegst du, mein Sohn«, sagte Nasreddin.

Am nächsten Tag beim Frühstück sagte Nasreddins Sohn: »Ich weiß jetzt, was ich am liebsten von dir hätte: Ich möchte ein neues, rotes Handy.«

Nasreddin hatte schlecht geschlafen und war nicht besonders gut gelaunt. Er sagte mürrisch: »Viel zu teuer!«

»Aber du hast gesagt, ich darf mir etwas wünschen und das bekomme ich von dir«, erinnerte ihn sein Sohn.

»Das hast du ja auch«, antwortete Nasreddin.

»Wieso?«, fragte sein Sohn.

»Du hast gesagt, du wünschst dir Zeit bis morgen. Und die hast du bekommen«, sagte Nasreddin.

Eine Diät

Nasreddin traf seinen Freund Mehmet zufällig auf der Straße.

»Was ist mit dir?«, fragte Nasreddin. »Entschuldige, dass ich das so sage, aber du siehst jämmerlich aus. Bist du krank?«

»Ich bin nicht krank. Ich mache gerade eine Abmagerungskur«, erzählte Mehmet. »Ich bin seit drei Tagen völlig nüchtern.«

»Ist das nicht anstrengend?«, fragte Nasreddin. »Ich würde nicht gerade dann eine Kur machen, wenn ich nüchtern bin. Mach lieber deine Kur, wenn du wieder isst!«

Der Wetterbericht

Einmal ging Nasreddin mit seinem Freund Mehmet im Park spazieren. Als sie ziemlich weit von zu Hause weg waren, fing es heftig an zu regnen, und die beiden wurden klatschnass.

»Dabei hatte das Fernsehen Sonnenschein vorhergesagt«, beschwerte sich Nasreddins Freund. »Das Fernsehen hat gelogen!«

»Ja, das war ziemlich leichtsinnig vom Fernsehen«, sagte Nasreddin. »Wenn ich den Wetterbericht machen müsste, würde ich ihn nicht vorher verkünden.«

»Wie soll das denn gehen?«, fragte Mehmet.

Nasreddin sagte: »Ungefähr so: Heute Morgen war es noch warm und sonnig. Im Lauf des Nachmittags kam dann ein starker Wind auf, der Himmel bewölkte sich und es begann heftig zu regnen.«

Mehmet lachte. »Das wäre aber ein sehr später Wetterbericht«, sagte er.

»Aber mein Wetterbericht hätte einen ganz großen Vorteil«, sagte Nasreddin. »Er würde immer stimmen.«

Regen

Nasreddin ging mit seinem Freund Mehmet durch den Regen.

Er ging ganz gemächlich, obwohl er keinen Schirm dabeihatte.

»He, warum gehst du nicht schneller?«, fragte Mehmet. »Lauf doch!«

»Wieso soll ich rennen? Da vorne regnet's doch auch«, sagte Nasreddin.

Im Auto

Jeden Sonntagnachmittag ging Nasreddin mit seiner Familie zum Parkplatz vor dem Haus. Dort stiegen alle ins Auto. Nasreddin saß mit seiner Frau vorne, die beiden Kinder auf dem Rücksitz. Da blieben sie ein halbes Stündchen sitzen, unterhielten sich, machten Witze und erzählten Geschichten. Dann stiegen sie wieder aus und gingen zurück ins Haus.

Nach einigen Wochen wagte es Mehmet, seinen Freund zu fragen, weshalb er nie wegfahren würde.

»Es spart Benzin«, antwortete Nasreddin.

Der Brief

Nasreddin verfasste einen langen Brief an seinen Onkel Hakan in Hamburg.

»Lieber Onkel Hakan«, schrieb er. »Ich will dir schreiben, dass es uns allen gut geht. Die Kinder sind gesund, Arslan kommt nächsten Monat in die vierte Klasse, Hamide in den Kindergarten. Auch Leyla, meiner Frau, geht es gut. Ich hoffe, dein Bein ist besser geworden und du kannst wieder gehen. Wir denken oft an dich. Beste Grüße, dein Neffe Nasreddin.«

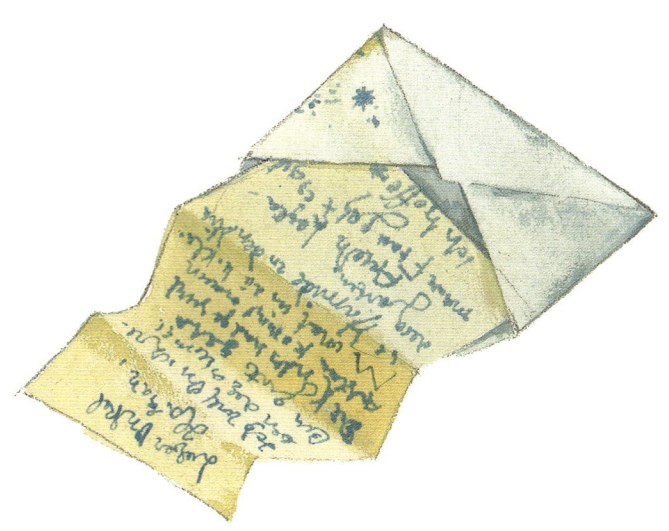

Er faltete den Brief zusammen, steckte ihn in einen Umschlag, klebte ihn zu, schrieb die Adresse darauf und setzte die Briefmarke ganz korrekt in die obere rechte Ecke.

Darauf zog er seinen Mantel an und ging mit dem Brief zum Briefkasten.

Als er nach einer Stunde wiederkam, fragte seine Frau Leyla: »Wieso hast du so lange gebraucht, um einen Brief einzuwerfen?«

Nasreddin sagte: »Ich war ja nicht nur beim Briefkasten, sondern gleich beim Bahnhof.«

»Was hast du denn am Bahnhof gemacht?«, fragte seine Frau.

»Ich habe mir eine Fahrkarte nach Hamburg gekauft«, antwortete Nasreddin.

»Wieso eine Fahrkarte nach Hamburg?«, fragte seine Frau.

»Weil ich da morgen früh hinfahren muss«, antwortete Nasreddin.

»Kannst du mir erklären, weshalb du morgen nach Hamburg fahren willst und was du dort machst?«, fragte sie weiter.

»Das kann ich dir leicht erklären«, sagte Nasreddin. »Pass auf: Meine Schrift ist so schlecht, dass Onkel Hakan sie bestimmt nicht entziffern kann. Außerdem sieht er schlecht. Deshalb muss ich morgen in Hamburg sein, wenn die Post kommt, um ihm meinen Brief vorzulesen.«

Die Gans

Nasreddin ging mit seiner Tochter Hamide im Park spazieren, da sahen sie auf der Wiese eine weiße Gans und blieben stehen, um sie zu betrachten.

»Die Gans ist zwar ein Vogel, aber sie kann nicht fliegen«, belehrte Nasreddin seine kleine Tochter.

Kurz darauf flog die Gans weg.

»Da fliegt sie aber!«, sagte Hamide.

»Das macht sie bestimmt nur, um die Menschen zu täuschen«, sagte Nasreddin.

Der Diebstahl

Ein Freund besuchte Nasreddin in dessen Wohnung. Die beiden tranken Tee, aßen süßen Kuchen und unterhielten sich lange über alte Zeiten.

Schließlich verabschiedete sich der Freund und ging.

Aber nach ein paar Minuten kam er zurück und rief: »So ein Unglück! Warum muss mir das passieren! Ruf bitte gleich die Polizei an!«

»Was ist denn passiert?«, fragte Nasreddin.

»Ich hatte mein Auto vor eurer Tür geparkt. Es ist weg! Gestohlen! So ein Unglück!«, rief der Freund.

»Du hast recht. Das ist schlimm«, sagte Nasreddin. »Aber du hast trotzdem Glück im Unglück.«

»Was denn für Glück?«, fragte der Freund.

»Stell dir vor, du hättest im Auto gesessen! Dann wärst du jetzt auch gestohlen und weg«, sagte Nasreddin.

Schlafprobleme

Nasreddin ging zu einer Parteiversammlung.

Der Redner auf dem Podium sprach so lange und langweilig, dass alle Zuhörer gähnen mussten.

Als er endlich geendet hatte, ging Nasreddin nach vorne und sagte zu ihm: »Ich würde Sie gerne meinem Freund Mehmet vorstellen. Hätten Sie Zeit, heute Abend zu ihm zu kommen und Ihre Rede noch einmal zu halten?«

Der Redner sagte lachend: »Guter Mann, ich habe andere Verpflichtungen. Wie stellen Sie sich das vor! Ich halte meine Reden doch nicht vor Privatpersonen.«

»Schade«, sagte Nasreddin.

Der Redner verstaute seine Papiere in der Aktentasche und ging zum Ausgang. Als er merkte, dass Nasreddin ihm folgte, wandte er sich um und fragte: »Ihr Freund ist wohl politisch sehr interessiert?«

Nasreddin schüttelte den Kopf. »Nein, kein bisschen.«

Der Politiker blieb stehen und fragte: »Weshalb hätte ich meine Rede dann noch einmal halten sollen?«

»Mehmet hat ein Problem«, erzählte Nasreddin. »In letzter Zeit schläft er ganz schlecht ein und liegt stundenlang wach im Bett. Wenn er dann morgens aufstehen und zur Arbeit gehen muss, ist er immer sehr müde.«

»Ja, und? Warum erzählen Sie mir das?«, fragte der Politiker.

Nasreddin sagte: »Wenn er Sie reden hörte, hätte er mit dem Einschlafen kein Problem.«

Die beiden Gläser

Nasreddin stellte vor dem Schlafengehen zwei Gläser neben sein Bett. Eines war mit Wasser gefüllt, das andere war leer.

»Wieso stellst du dir zwei Gläser hin?«, fragte seine Frau.

»Das volle Glas steht da, falls ich in der Nacht aufwache und Durst habe«, erklärte Nasreddin ihr.

»Und das leere?«, fragte sie.

»Das steht da, falls ich nachts aufwache und keinen Durst habe«, sagte Nasreddin.

Hohes Alter

Herr Lampert, ein deutscher Bekannter, den Nasreddin oft im Obstladen traf und mit dem er schon einige Gläschen Raki geleert hatte, fragte Nasreddin: »Kennst du eigentlich meinen Onkel Wilhelm?«

»Ja, ich habe ihn mal mit dir auf dem Markt gesehen«, antwortete Nasreddin.

»Jetzt rate, wie alt der ist!«, forderte Herr Lampert.

»Siebzig?«, schlug Nasreddin vor.

»Von wegen! Er ist schon siebenundachtzig«, sagte Herr Lampert stolz.

»Na und?«, sagte Nasreddin. »Mein Onkel Saygan wäre jetzt hundertvierzehn, wenn er nicht gestorben wäre.«

Die Kälte

Nasreddin betrat an einem Wintertag mit seinem Freund Mehmet eine Teestube.

Mehmet ging durch die Tür, Nasreddin folgte ihm und wollte sich zu seinem Freund an den Tisch setzen.

»Nasreddin! Du hast die Tür offen gelassen!«, rief Mehmet.

»Na und?«, fragte Nasreddin. »Ist das so schlimm, dass du gleich schreien musst?«

»Ja! Es ist kalt draußen!«, rief Mehmet.

»Und wenn ich die Tür zumache, ist es dann weniger kalt draußen?«, fragte Nasreddin.

Kinderbücher von Paul Maar bei Oetinger (Auswahl)

Eine Woche voller Samstage
Das Sams feiert Weihnachten
Das große Buch von Paul Maar
Onkel Florians fliegender Flohmarkt
Schiefe Märchen und schräge Geschichten
Der Galimat und ich
Kakadu und Kukuda
Herr Bello und das blaue Wunder
Lippels Traum
Die Opodeldoks
Der tätowierte Hund

Paul Maar, 1937 in Schweinfurt geboren, ist einer der erfolgreichsten deutschen Kinder- und Jugendbuchautoren, zugleich virtuoser Wortkünstler und phantasievoller Erzähler. Zu seinen beliebtesten Figuren gehört das Sams, das in Büchern und Filmen sein Publikum begeistert. Aber auch Kinderhelden wie Lippel, Herr Bello und das kleine Känguru wurden von Paul Maar erschaffen. Der Autor hat viele bedeutende literarische Ehren erhalten, u. a. den Deutschen Jugendliteraturpreis für sein Gesamtwerk, den Friedrich-Rückert-Preis und den E.T.A.-Hoffmann-Preis.